»FORM IST GEHEIMNIS DEN MEISTEN«

Das Podiumsgespräch »Form ist Geheimnis den meisten« fand am 19. April 2009 auf Schloss Neuhardenberg statt.

Die Reihe Edition Stiftung Schloss Neuhardenberg ist ein Gemeinschaftsprojekt des Verlags Theater der Zeit und der Stiftung Schloss Neuhardenberg.
Herausgegeben von Bernd Kauffmann.

Stiftung Schloss Neuhardenberg
Eine Gesellschaft des Deutschen Sparkassen- und Giroverbandes
Generalbevollmächtigter und Geschäftsführer: Bernd Kauffmann
Geschäftsführerin: Petra Lienhop
Vorsitzender des Aufsichtsrates und des Kuratoriums: Heinrich Haasis
Kurfürstendamm 214 | 10719 Berlin | Germany

www.schlossneuhardenberg.de

Verlag Theater der Zeit
Verlagsleitung Harald Müller
Im Podewil | Klosterstraße 68–70 | 10179 Berlin | Germany
www.theaterderzeit.de

Redaktion: Anja Krauß
Gestaltung: Gudrun Hommers
Druck und Bindung: TASTOMAT Druck GmbH, Eggersdorf

Printed in Germany

ISBN 978-3-940737-61-8

»FORM IST GEHEIMNIS DEN MEISTEN«

●●●●●●●● Edition Stiftung Schloss Neuhardenberg

Theater der Zeit

INHALT

BEGRÜSSUNG

Bernd Kauffmann

Verehrte Frau Böttinger,
verehrter Herr Dr. Asserate,
lieber Herr Dr. Osten,
meine sehr geehrten Damen und Herren,

ich bin sicher, in Ihrer aller Namen zu sprechen, wenn ich Frau Böttinger, Herrn Dr. Asserate und Herrn Dr. Osten sehr herzlich dafür danke, dass sie der Weg heute zu diesem Gespräch nach Neuhardenberg zusammengeführt hat. Es ist uns eine große Ehre und eine besondere Freude zugleich, sie hier begrüßen zu dürfen.

Meine sehr geehrten Damen und Herren, haben Sie keine Angst, ich will keine weitschweifigen Überlegungen zum Thema des heutigen Nachmittags anstellen. Dazu sind berufenere Geister hier auf dem Podium versammelt. Ich möchte Ihnen nur – wie es sich gehört und in Neuhardenberg Tradition ist – eben diese Berufenen kurz vorstellen, noch einige ganz kurze inhaltliche Anmerkungen hinzufügen, um mich dann wieder wegzustellen.

Aber beim »Vorstellen« geht's schon los mit der Form, die ja den meisten ein Geheimnis ist oder bleibt. Was gebietet also die Form: zuerst die Dame oder zuerst den

Prinzen vorzustellen? Ich entscheide mich, Ihr Einverständnis voraussetzend, verehrter Herr Dr. Asserate, für die Dame. Und noch ein weiteres zur »Form«: Ich habe mich, sehr geehrter Herr Asserate, dafür entschieden, Sie so anzusprechen, wie ich es gerade eben tat. Also weder mit »Prinz«, noch wie Sie es einmal in einem Interview empfohlen haben mit »Sehr geehrter anglo-germanophiler Äthiopier«.

Bei Frau Böttinger ist das alles viel einfacher: Bettina Böttinger, in Düsseldorf geboren, studierte nach ihrem Abitur 1975 Germanistik und Geschichte an der Rheinischen Friedrich-Wilhelms-Universität in Bonn. Während des Studiums arbeitete sie für die *Bonner Rundschau* und wurde nach dem ersten Staatsexamen zunächst für diese Zeitung tätig.

1985 wechselte Bettina Böttinger zum WDR, dem sie bis heute »in Treue« fest verbunden ist. Ab 1986 moderierte sie u. a. das Hörfunk-Magazin *Zwischen Rhein und Weser*. 1987 wechselte sie als Redakteurin der Hörfunksendung *Echo West* ins Landesstudio Dortmund. Ab 1988 führte sie regelmäßig durch die Fernsehsendung *Hier und Heute*, die sich mit Themen aus Nordrhein-Westfalen befasst. 1989 wurde sie Leiterin des WDR-Regionalbüros Bonn und im Juli 1991 Redaktionsgruppenleiterin *Hier und Heute*, eine Tätigkeit, der sie bis Mai 1993 nachging.

Ab Dezember 1991 präsentierte Bettina Böttinger die Medienshow *Parlazzo*, womit die Rundfunk-Journalistin dann auch zur Fernsehunterhaltung kam. Im September 1993 moderierte sie erstmals *B. trifft …*, die laut Selbstaussage »etwas andere Talkshow«, bei der zu jeder Sendung zwei Gäste eingeladen wurden, die vorab nicht wussten, wen sie zu einem gemeinsamen Gesprächsthema treffen. Im November 1994 und im Januar 1996 wurde Bettina

Böttinger mit ihrer erfolgreichen Freitagabend-Show für den Adolf-Grimme-Preis nominiert.

1994 gründete sie die Produktionsfirma Encanto, mit der sie nicht nur *B. trifft* ... herausbrachte, sondern auch die Tier-Doku-Soaps wie u.a. *Ein Heim für alle Felle* (2000), *Ein Doc für alle Felle* (2001) – »Felle« natürlich beide Male mit ›e‹ geschrieben – und *Pinguin, Löwe & Co.* (seit 2006) sowie die Hundesendungen *Eine Couch für alle Felle* (2003) und *Ein Team für alle Felle* (seit 2005). Soviel »Fernsehfelle«, meine Damen und Herren, wurden hier im vorpolnischen Wolfserwartungsland unter der medialen Obhut des RBB noch nie gestreichelt. Im Juni 2004 jedenfalls wurde die letzte Folge von *B. trifft* ... ausgestrahlt. Von Oktober 2004 bis Dezember 2005 moderierte Frau Böttinger das von ihr selbst produzierte Talkshow-Format *Böttinger* und seit März 2006 zusammen mit Achim Winter den *Kölner Treff*. Seit Januar 2007 führt sie in zweiwöchentlichem Moderatorenwechsel durch die Sonntagsausgabe des Fernseh-Magazins *west.art*.

Bettina Böttinger moderiert darüber hinaus immer wieder zahlreiche Preisverleihungen, so etwa 1997, 2005, 2006 und 2007 die Verleihung des Adolf-Grimme-Preises und die Verleihung des Deutschen Kamerapreises 2002, 2003 und 2005.

Neben diesen umfangreichen Berufstätigkeiten, deren kursorische Aufzählung mich bereits etwas kurzatmig werden lässt, nimmt sich Bettina Böttinger Zeit für ein umfassendes soziales und politisches Engagement, darunter für die Aids-Hilfe und für die Frauenrechtsorganisation *medica mondiale*, die sich um traumatisierte Frauen und Mädchen in Kriegsgebieten kümmert. 2007 wurde ihr Engagement mit dem Bundesverdienstkreuz am Bande gewürdigt.

Bitte lassen Sie mich abschließend noch einige wenige Fragen und Antworten aus dem *Focus*-Fragebogen vom Februar 2007 zitieren: »Frau Böttinger, was gefällt Ihnen an sich besonders? – Meine Selbstzweifel. – Was treibt Sie an? – Der Wille zum Glück. – Schenken Sie uns eine Lebensweisheit. – Et kütt wie et kütt. – Was mögen Sie an sich gar nicht? – Meine Selbstzweifel.«

Haben Sie Dank, dass Sie heute hier sind, verehrte Frau Böttinger.

Asfa-Wossen Asserate wurde in Addis Abeba in Äthiopien, der Region, die unstreitig als die Wiege der Menschheit bezeichnet werden kann, geboren. Er ist Großneffe des letzten äthiopischen Kaisers Haile Selassie, Urenkel der Kaiserin Menen II. und Sohn des ehemaligen Gouverneurs und Vizekönigs von Eritrea Li'ul Ras Asrate-Maryam Kasa.

Asfa-Wossen besuchte in seiner Geburtsstadt die deutsche Schule, die er mit dem Abitur abschloss. Anschließend studierte er in Tübingen und Cambridge Jura, Volkswirtschaft und Geschichte. 1978 wurde Asfa-Wossen Asserate bei Eike Haberland in Frankfurt am Main mit einer Arbeit über äthiopische Geschichte promoviert.

Im September 1974 begann die kommunistische Revolution in Äthiopien. Kaiser Haile Selassie, der – wie er von sich sagte – 225. Nachfolger König Salomons, wurde gestürzt, die Monarchie wurde abgeschafft, und das Land wurde zu einer sozialistischen Volksrepublik. Der Kaiser starb im Arrest unter ominösen Umständen, vermutlich wurde er, wie Herr Dr. Asserate schreibt, mit einem Kopfkissen erstickt. Asfa-Wossen Asserates Vater wurde ohne Gerichtsverhandlung hingerichtet, und seine Familie arretiert. Er selbst hingegen wurde gezwungen, in der Bundesrepublik zu bleiben, wo er seitdem lebt und deren Staatsbürgerschaft er seit 1981 besitzt. Jahrelang wurden seine Mutter und die meisten seiner Geschwister ohne Kontakt zur Außenwelt und unter häufiger Bedrohung gefangen gehalten. Asfa-Wossen Asserate konnte bis zum Sturz des Mengistu-Regimes 1991 nicht in sein Heimatland zurückkehren, bemühte sich jedoch in dieser Zeit nach Möglichkeiten, seinen inhaftierten Verwandten zu helfen.

Als Fußnote sei hier nur angemerkt, dass der Tag des Sturzes des Mengistu-Regimes, der 28. Mai (1991), zum äthiopischen Nationalfeiertag erklärt wurde. Mengistu Haile Mariam wurde in Äthiopien in Abwesenheit zum Tode verurteilt und lässt es sich bis heute in einer Vorstadt von Harare (Simbabwe), die ausgerechnet die Ortsbezeichnung »Gun Hill« trägt, als Asylant unter dem Schutz seines Freundes Robert Mugabe gutgehen, der bekanntlich nichts unversucht lässt, sein Land Simbabwe Menschen schindend in Gänze zugrunde zu richten.

Seit dem Ende der Militärdiktatur im Jahre 1991 ist Herr Dr. Asserate regelmäßig in Äthiopien und stets um europäische Investoren für sein Land bemüht, obwohl er der ethnozentrischen Politik der jetzigen Regierung Meles Zenawi mehr als nur kritisch gegenübersteht. Dass seit geraumer Zeit unter dieser Regierung – weitgehend unbeachtet von westlichen Medien – wachsende Menschenrechtsverletzungen samt erheblichen Beschränkungen für die Opposition zu konstatieren sind, sei ebenfalls als Fußnote angemerkt.

In diversen Reden und Veröffentlichungen hat Herr Dr. Asserate sich für eine äthiopische Föderation ausgesprochen, deren Basis die Demokratie und nicht die Ethnie ist. Nach seiner Auffassung könnte eines Tages eine konstitutionelle Monarchie in Äthiopien durch einen Volksentscheid wieder eingesetzt werden, weil die Krone als ein Symbol der Einheit des Vielvölkerstaats Äthiopien immer noch eine entscheidende Rolle spielt.

Von 1980 bis 1983 war Herr Dr. Asserate Chef der Presseabteilung der Messegesellschaft Düsseldorf. Er ist seitdem als selbständiger Unternehmensberater tätig. Seit dem Ende der kommunistischen Herrschaft bemüht er sich auch um die Verbesserung der außenwirtschaftlichen Kontakte seines Geburtslandes und setzt sich für die Achtung der Menschenrechte ein. 1994 gründete er die Gesellschaft *Orbis Aethiopicus*. Dieser Verein veranstaltet bislang vor allem hoch beachtete internationale Symposien über die Kultur, Geschichte, Religion und Kunst Äthiopiens.

Im Oktober 2003 stellte er auf der Frankfurter Buchmesse sein Buch *Manieren* vor, das sich mit europäischen und speziell deutschen Umgangsformen beschäftigt. Es wurde innerhalb kurzer Zeit ein Bestseller. Die *Frankfurter Allgemeine Zeitung* publizierte einen vielbeachteten Vorabdruck.

Diese *Manieren* sind alles andere als ein Lehrbuch oder Leitfaden für gutes Benehmen. Vielmehr handelt es sich um soziologisch und kulturhistorisch fundierte Betrachtungen des Verhaltens europäischer Menschen, beobachtet und formuliert von einem, der auf dem Parkett der Welt zu Hause ist. 2004 erhielt Asfa-Wossen Asserate von der Bayerischen Akademie der Schönen Künste in München den Adelbert-von-Chamisso-Preis für sein Buch, eine besondere Auszeichnung auch deswegen, weil er an Autoren vergeben wird, die auf Deutsch schreiben, aber mit einer anderen Muttersprache groß geworden sind. Eine ganz andere Würdigung hat das Buch 2007 erfahren: Ein Teil des

Kapitels über »Die Ehre« wurde Bestandteil der Abiturprüfung in Baden-Württemberg.

2007 legte Asfa-Wossen Asserate mit dem Buch *Ein Prinz aus dem Hause David und warum er in Deutschland blieb* eine, wie ich finde, wunderbare Autobiografie vor.

Bitte lassen Sie mich noch die letzten beiden Sätze aus den *Manieren* zitieren. Sie geben, wage ich zu sagen, eine charakteristische Ahnung davon, was das Buch wohl möchte, und davon, was die Noblesse seines Autors auszeichnet. Dort heißt es: »Um es mit den Worten des Erzengels Raphael im Buch Tobias zu sagen: ›Wer das Unrechte tut, ist ein Feind seiner eigenen Seele.‹ Wie nicht anders zu erwarten, sind die Engel die besten Lehrer des Menschen.«

Ihnen ein sehr herzliches Willkommen, verehrter Herr Dr. Asserate!

Manfred Osten, in dessen bewährten Händen die Moderation des heutigen Gesprächs liegt, ist von Haus aus Jurist, Autor und ein wirklicher Meister des substanziierten Gesprächs. Viele Jahre war er als Diplomat im Auswärtigen Dienst in zahlreichen Ländern tätig, bevor er 1993 Referatsleiter im Presse- und Informationsamt der Bundesregierung wurde. Bis 2004 war er Generalsekretär der Alexander von Humboldt-Stiftung. Seine Veröffentlichungen zeigen ihn als einen überaus kenntnisreichen Erzähler. Ich nenne nur *Alles veloziferisch oder Goethes Entdeckung der Langsamkeit* (2003), *Das geraubte Gedächtnis* (2004) und *Die Kunst, Fehler zu machen. Plädoyer für eine fehlerfreundliche Irrtumsgesellschaft* (2006).

Meine Damen und Herren,
bitte gestatten Sie mir zu diesem heutigen »Geheimnis« noch einige wenige persönliche Anmerkungen.

Das Geheimnis des Titels dieser Veranstaltung lässt sich einfach lüften: Es ist Teil einer der *Maximen und Reflexionen* Johann Wolfgang von Goethes. In typisch goethescher Trias heißt es da: »Den Stoff sieht jedermann vor sich, den Gehalt findet nur der, der etwas dazu zu tun hat, und die Form ist ein Geheimnis den meisten.«

Und um beim europäischen Weltenbürger Goethe, dem Frankfurter Sohn und Weimarer »Lebensmittelpunktler«, noch einen Moment zu verweilen: Auch für den »Lordsiegelbewahrer« alles Abendländischen schien es schon damals um die Form, um die Sekundärtugenden von Anstand, Pflichtbewusstsein, Verantwortungsbereitschaft, Zuverlässigkeit etc. nicht zum Besten, sondern eher mittelmäßig bestellt zu sein. Wie schreibt er im Juni 1825 an seinen Freund Karl-Friedrich Zelter gegen Endes eines Briefes: »... alles aber, mein Teuerster, ist jetzt *ultra*, alles transzendiert unaufhaltsam, im Denken wie im Tun. Niemand kennt sich mehr, niemand begreift das Element, worin er schwebt und wirkt, niemand den Stoff, den er bearbeitet. Von reiner Einfalt kann die Rede nicht sein; einfältiges Zeug gibt es genug. Junge Leute werden viel zu früh aufgeregt und dann im Zeitstrudel fortgerissen; Reichtum und Schnelligkeit ist, was die Welt bewundert und wonach jeder strebt; Eisenbahnen, Schnellposten und alle mögliche Fazilitäten der Kommunikation sind es, worauf die gebildete Welt ausgeht, sich zu überbieten, zu überbilden und dadurch in der tiefen Mittelmäßigkeit zu verharren. Und das ist ja das Resultat der Allgemeinheit, daß eine mittlere Kultur gemein werde … Laß uns also soviel als möglich an der Gesinnung halten, in der wir herankamen; wir werden, mit vielleicht noch wenigen, die Letzten sein einer Epoche, die sobald nicht wiederkehrt.«

Goethe hin oder her, eine konzentrierte Debatte über die sekundären Tugenden und die Frage, ob sie heute noch taugen, um das Miteinander in einer offenen, pluralistischen Gesellschaft störungsfreier zu halten und zu gestalten, oder ob sie doch eher als Inbegriffe staubig verlogener Bürgerlichkeit zu gelten haben, eine solche Debatte erscheint mir ganz ohne deutsche Larmoyanz mehr als nur beiläufig angebracht.

»FORM IST GEHEIMNIS DEN MEISTEN«

Manfred Osten: »Hat einer erst die dreißig Jahr vorüber, ist er schon so gut wie tot. Am besten wär's Euch zeitig totzuschlagen.« – beschimpft der junge Bakkalaureus im *Faust* den alten Professor. Dieser antwortet: »Du weißt wohl nicht, mein Freund, wie grob Du bist.« Und Bakkalaureus: »Im Deutschen lügt man, wenn man höflich ist.«

»Die Form ist ein Geheimnis den meisten« – stellte Goethe schon vor zweihundert Jahren fest, und betrachtet man die heutigen Umgangsformen in unserer alternden Gesellschaft, so sind Goethes Worte nach wie vor aktuell. Doch wie ist es heute eigentlich bestellt um diese Form, die ein Geheimnis den meisten ist: Gibt es sie überhaupt noch, die alten Formen, die Manieren, wie man früher sagte? Und: Haben sich im Kontext neuer Kommunikationsweisen andere Umgangsformen entwickelt? Verändern zum Beispiel öffentliche Handy-Gespräche im Großraumabteil der Deutschen Bundesbahn oder Schrumpfstufen von Höflichkeitsfloskeln wie »MfG« unser Miteinander? Bilden sich durch Fernsehtalkshows, die täglich von Millionen Zuschauern verfolgt werden, neue Umgangsformen heraus? Fünfzehn Jahre lang hat Bettina Böttinger solche Gesprächsrunden im Fernsehen moderiert, und an sie daher die erste Frage: Wie haben Sie Ihre Gäste in diesen fünfzehn Jahren erlebt?

Bettina Böttinger: Als Gastgeberin bin ich natürlich einer gewissen Höflichkeit verpflichtet und werde daher hier keine Geheimnisse ausplaudern, die meine Gäste in ein schlechtes Licht rücken würden. Aber natürlich erlaubt mir diese Rolle einen besonderen Blick auf meine Gäste. Die Zuschauerinnen und Zuschauer können in der Sendung nur das wahrnehmen, was an sich für die Öffentlichkeit bestimmt ist. Ich aber erlebe den Gast in einer gewissen Zweiräumigkeit. Ich erlebe ihn hinter und vor den Kulissen. Und in fünfzehn Jahren erlebt man doch oft, dass diese beiden Seiten stark auseinanderklaffen können. Vor der Kamera verhalten sich die meisten ausgeprägt höflich und möchten einen guten Eindruck hinterlassen – was übrigens auch für mich gilt. Hinter den Kulissen dagegen sieht es nicht immer so aus. Ich gehe gern in die Maske, um zu sehen, wie mein Gast sich dem Maskenbildner oder der Maskenbildnerin gegenüber verhält. Ich finde das sehr aufschlussreich. Mein Team hält aber auch vieles von mir fern. Denn, wenn ich vor der Sendung wüsste, wer durch gewisse Unhöflichkeiten oder gar Unverschämtheiten aufgefallen ist, könnte ich nicht mehr unvoreingenommen in das Gespräch gehen.

Manfred Osten: Die neuen Medien, zu denen ich auch das Fernsehen zähle, stehen unter dem Diktat der Beschleunigung. Die Lichtgeschwindigkeit, 300.000 Kilometer pro Sekunde, führt dazu, dass wir uns mittlerweile sehr viel kürzer fassen, was sicherlich auch auf die Umgangsformen abfärbt.

Prinz Asserate, Sie beschreiben in Ihrem Buch *Manieren* unsere Gesellschaft als Fast Food-, als Jeans- und Hallo-Gesellschaft. Eine Art zu leben also, die mit alten Manierenbegriffen scheinbar nicht zu vereinen ist. Was aber sind Manieren, woher kommt dieser Begriff?

Asfa-Wossen Asserate: Für mich persönlich sind Manieren nichts anderes als der ästhetische Ausdruck der Moral. Leider Gottes können wir heute zwischen Manieren und Benehmen nicht mehr unterscheiden. Benimmregeln sind zwar ein Teil der Manieren, aber eben nur das Äußerliche. Wahre Manieren sind eine Symbiose von Form und Inhalt. Wenn ein Mann weiß, welche Krawatte und Schuhe zu welchem Anzug passen und welchen Wein man zu welchem Essen nimmt, ist das gut und wichtig. Doch wenn dieser Mann nicht etwas Wesentliches in sich trüge – innere Haltung und Herzensbildung –, würde alles, was er tut, artifiziell wirken. Möchte er zum Beispiel ohne diese innere Haltung einer Dame in den Mantel helfen, würde sie ihn höchstwahrscheinlich für einen vulgären Menschen halten, der ihr dabei nur in den Ausschnitt schauen möchte. Deshalb ist es wichtig zu wissen, warum man etwas tut und welche Bedeutung eine Geste hat. Es geht darum, dem anderen zu zeigen, dass ich da bin, ihm das Leben zu verschönern.

Bettina Böttinger: Geht es wirklich um den anderen oder im Zweifelsfall doch vielmehr darum, mit einem bestimmten Verhalten etwas zu erreichen, einen bestimmten Eindruck von sich zu geben? Das wäre ja dann zum Teil auch die hohe Kunst der Verstellung.

Asfa-Wossen Asserate: Der Mann mit Manieren denkt nicht an sich. Schon der große deutsche Aufklärer Adolph Freiherr Knigge spricht in seinem Buch *Über den Umgang* *mit Menschen* von genau dieser inneren Haltung. Natürlich verstellt man sich, wenn man manierlich ist. Aber alles, was man tut, muss auf den anderen, auf den Nachbarn hinweisen. Am besten kann man Manieren wohl mit dem deutschen Wort Demut charakterisieren: Mut haben zu dienen. Ein Mensch, der Demut und Anmut als wesentliche Größen betrachtet, hat Manieren. Immer wieder werde ich gefragt, wie man einen manierlichen Menschen erkennt. Die Antwort ist so ähnlich wie Frau Böttingers Beschreibung ihrer Gäste in der Maske: Gehe in ein Restaurant und beobachte den Menschen – nicht wie er isst, sondern wie er sich dem Kellner gegenüber verhält. Behandelt er ihn als Diener, als seinen persönlichen Leibeigenen, oder gibt er, um seiner Freundin zu imponieren, den Wein dreimal zurück, ohne zu wissen, dass er denselben Wein natürlich immer wieder bekommt? Goethe ist einer von vielen, die über Manieren geschrieben haben. Mein Lieblingsschriftsteller diesbezüglich ist jedoch Thomas Mann. An seinen Bruder Heinrich schrieb er: »Mein lieber Heinrich, Du bist mir zu absolut! Ich aber habe mir erlaubt, mir selbst eine Verfassung zu geben.« Menschen, die wissen, dass es Tabus gibt, brauchen eigentlich kein Manieren-Buch zu lesen.

Manfred Osten: »Sich eine Verfassung geben« – Frau Böttinger, Sie haben vor einigen Jahren mit *Als Frau erst recht* ein Buch herausgegeben, in dem Sie zwölf sehr verschiedene und faszinierende Frauen porträtieren. Dabei sind Sie Frauen begegnet, die sich genau in diesem Sinn eine Verfassung gegeben haben wie Christiane Hörbiger. Bei Christiane Hörbiger kann man hochachtungsvoll von einer Dame sprechen, einer Frau also, die immer und überall die Beherrschung behält, stets den richtigen Ton trifft, erotische

Ausstrahlung besitzt und selbst den muffigsten Taxifahrer veranlasst, ihr bei strömendem Regen die Wagentür aufzuhalten. Christiane Hörbiger sagt in diesem Buch unter anderem, Dame zu sein sei wie ein Korsett anzulegen, das einem Schutz bieten kann. Da spielt wieder die Idee der Verstellung hinein, denn der Schutz entsteht, indem man nach außen nicht alles von sich preisgibt. Eine andere in ihrem Buch Porträtierte war die Politikerin Hildegard Hamm-Brücher, wie Sie schrieben, eine Dame, die es nicht gewagt hätte, sich selbst zu duzen. Gibt es diese Art Damen, gibt es diese Persönlichkeiten, die sich selbst eine Verfassung geben, heute noch?

Bettina Böttinger: Ich fürchte, diese Damen gehen uns langsam aus. Und ich habe eine gewisse Hochachtung vor solchen Personen, vielleicht auch, weil meine Mutter mir immer gesagt hat, dass es bei mir dafür nie reichen würde. Mein Respekt für wirkliche Damen, wie ich sie da geschildert habe, gründet vor allem auch darauf, dass sie im Grunde genommen diese Verstellung nie ganz durchhalten. Frau Hörbiger hat einen geradezu absurden Witz, der dem Damenhaften so gar nicht entspricht. Und insofern tut sich da eine Divergenz auf, die mir besonders gut gefällt.

Und Frau Hamm-Brücher (ich war, glaube ich, die Erste, die das bemerkt hat) hatte in den 50er Jahren, als sie bereits für die FDP im Münchner Stadtrat saß, ein uneheliches Kind. Der Vater war ein verheirateter CSU-Stadtrat. Mir fiel einfach auf, dass ihr Sohn 1954 geboren war, sie aber erst 1956 geheiratet hat. In München, damals! Manieren! Konventionen! Gesellschaftliche Umgangsformen! Und ich habe sie daraufhin angesprochen. Frau Hamm-Brücher wurde rot und sagte: »Das ist aber noch nie jemandem aufgefallen!« Frau Hamm-Brücher gilt gemeinhin nicht nur als großartige Persönlichkeit, die politisches Handeln in Deutschland mitgeprägt hat, sondern auch als Frau mit Umgangsformen. Dennoch hat sie ihren Sohn versteckt, verstecken müssen. Sie hat die letzten drei Monate ihrer Schwangerschaft in Holland verbracht, bei einem Verwandten. Sie hat dieses Kind heimlich bekommen und als Pflegekind bei Verwandten untergebracht. Erst nachdem sie endlich verheiratet war und ein zweites Kind bekommen hatte, konnte der Junge zurück in die Familie geholt werden. Ein Tabuthema! Und da kommen wir an einen Punkt, an dem diese Rollen, Rollenverständnisse und Konventionen gesprengt werden, an dem eine Dame tut, was eine Dame eigentlich nicht tun würde.

Asfa-Wossen Asserate: Man muss aber sehr wohl unterscheiden: Damen werden von den anderen gemacht. Keine Frau kann sich einfach hinstellen und sagen: »Ich bin eine Dame!« Nein, es ist vielmehr, wie man sie behandelt. Für mich ist jede Frau eine Dame und wird dementsprechend von mir behandelt – es sei denn, sie überzeugt mich vom Gegenteil.

Bettina Böttinger: Ich habe heute bereits zwei Handküsse bekommen. Das sprengt meinen Wochendurchschnitt erheblich.

Manfred Osten: Ich war gerade für eine Woche in Polen, wo solche Umgangsformen noch mehr oder weniger gang und gäbe sind. Es gibt also auch heute noch Länder, in denen auf den Knigge als Benimmkanon Wert gelegt wird. Dabei war der Freiherr Knigge ja eine höchst interessante und ambivalente Erscheinung. Im Grunde war er ein Revolutionär. Wie kommt es, dass wir ihn heute als den Protagonisten der guten Manieren ansehen?

Asfa-Wossen Asserate: Heute wird sein Name für alle möglichen Zwecke missbraucht! Es gibt einen Lesben-Knigge, einen Knigge für Gärtner, einen für schlechte Autofahrer und ich weiß nicht was! Dabei wissen die meisten nicht, was Knigge geschaffen hat. Er wollte die verheerende Situation im Heiligen Römischen Reich Deutscher Nation zeigen und hat dabei vielleicht das erste Soziologie-Buch in deutscher Sprache geschrieben – ein gigantisches Werk. Und das ist nur ein Teil seines Schaffens!

Bettina Böttinger: Sie haben gesagt: »Eine Dame wird gemacht!« Auch deshalb lehnte die Frauenbewegung den Begriff der Dame ab. Frauen machen mittlerweile gerne selber! In Ihrem Buch beschreiben Sie die Protagonistinnen dieser Frauenbewegung als herb, ungeschminkt und auf flachen Sohlen daherkommend. Ich selbst würde mich diesen Feministinnen-Kreisen zurechnen und hoffe, das Einzige, das heute bei mir an Ihrer Beschreibung stimmt, sind die flachen Schuhe, die ich aber nur gewählt habe, weil ich wusste, dass Sie kleiner als ich sind.

Asfa-Wossen Asserate: Ich komme aus einem Land, das seine Existenz einer Frau verdankt, und ich bin kein Feind der Frauenbewegung – ganz im Gegenteil. Aber man darf nicht vergessen, dass die 68er – die ja auch meine Generation sind – einen wesentlichen Teil dazu beigetragen haben, dass Manieren heute in Vergessenheit geraten sind. Die 68er haben die deutsche Vergangenheit thematisiert, den alten Mief beseitigt und damit Gewaltiges für Deutschland geleistet. Aber zugleich haben die 68er in ihrem Drang zu modernisieren und zu erneuern alles, was nach Patrimonium, nach Tradition und Kultur roch, mit aus dem Fenster geworfen. Für Manieren war plötzlich kein Raum mehr. Meiner Ansicht nach hat man damit das Kind mit dem Bade ausgeschüttet.

Bettina Böttinger: Das war ein bewusster Bruch mit Konventionen, um bestimmte Verhaltensweisen der äußerlichen Art nicht zu übernehmen. Dies unterscheidet sich fundamental von dem, was wir heute erleben. Die 68er verstanden sich zum Beispiel als Gruppe. Wohingegen heute der Individualismus so ausgeprägt ist, dass jeder meint, die Grenzen des eigenen Benehmens selber festlegen zu können. Das gilt übrigens vor allem auch für Comedians. Sie definieren, was komisch ist, ohne Rücksicht darauf, inwieweit andere Menschen oder Grenzen verletzt werden.

Asfa-Wossen Asserate: Als manierlicher Mensch setzt man die Gefühle anderer vor seine eigenen. Lieber geht man selbst einen Schritt zurück, als in irgendeiner Art und Weise jemanden zu verletzen. Ich habe dazu ein schönes Beispiel: Der König von Hawaii – Hawaii war früher eine Monarchie – kam Anfang des 20. Jahrhunderts auf Staatsbesuch nach England und wurde von Edward VII. zum Abendessen empfangen. Nach dem Essen wurden goldene Schalen mit Wasser und Rosenblättern gereicht. Der König von Hawaii dachte, das wäre eine Art Freundschaftstrank, nahm die Schale und trank daraus. Die englischen Aristokraten haben die Nase gerümpft und gedacht: »Dieser Barbar weiß nicht einmal, dass dies Fingerschälchen sind.« Und was tat der König? Er nahm seine Schale und trank gleichfalls. So wurde die Ehre nicht verletzt.

Bettina Böttinger: Das ist ein schönes Beispiel. Aber der englische Gentleman ist doch eher auch ein Auslaufmodell.

Asfa-Wossen Asserate: Natürlich ist er ein Auslaufmodell. Deutschland ist nicht das einzige Land, das viele Manieren verloren hat. Die Proletarisierung der Gesellschaft ist in England viel weiter fortgeschritten als hier in Deutschland.

Manfred Osten: Lassen Sie uns zurück zu den von Medien geprägten Umgangsformen kommen. Frau Böttinger, zu Ihrem zehnjährigen Sendejubiläum hat Ihr damaliger Intendant Fritz Pleitgen Sie als Gastgeberin gelobt, die den Gästen respektvoll gegenübertritt, stets gut vorbereitet ist und die Gabe hat, Gesprächskultur zu zelebrieren. Und weiter sagte er: »Unter der Anleitung der Moderatorin kann sich allerdings kein Gast ganz sicher sein, doch mehr von sich preiszugeben als beabsichtigt.« Das Publikum erwartet ja von Ihnen, dass Sie Ihren Gästen Privates und Geheimes entlocken. Besteht da nicht die Gefahr, dass man unter diesem Erwartungsdruck, unter diesen Regeln von Talkshows gewisse Grenzen übertritt?

Bettina Böttinger: Zunächst einmal hängt das auch von den Gästen ab. Einen Politiker frage ich natürlich andere Dinge als eine Person, die ganz bewusst – übrigens auch meistens sehr geschäftstüchtig – mit privaten Details in die Öffentlichkeit geht. Das heißt, der Gast gibt normalerweise die Grenze vor. Ich versuche, zwischen dem, was möglich ist, und dem, was die Leute interessiert, zu lavieren. Als Moderatorin bin ich im gewissen Sinne Anwältin des Publikums, versuche, dessen Haltung nachzuvollziehen oder vorwegzunehmen. Gelegentlich muss ich mich auch zwingen, Dinge zu fragen, von denen ich persönlich glaube, dass sie mich bzw. das Publikum nichts angehen. Auf der anderen Seite gibt es auch häufiger die Situation, dass ich weiß, mein Gast will über bestimmte Dinge nicht reden, ich dieses Thema aber dennoch zur Sprache bringen will oder muss.

Der Umgang bzw. das Spiel mit der Öffentlichkeit wird von einigen Prominenten ja auch sehr ambivalent betrieben. Viele Gäste – besonders Schauspieler und Schauspielerinnen – lassen mir vorher mitteilen, sie möchten auf keinen Fall über private Details reden. Wenn ich dann im Vorgespräch kurz vor der Sendung sage: »Da können Sie beruhigt sein, das interessiert mich überhaupt nicht«, sind die meisten sehr enttäuscht!

Vor der Kamera selbst entwickelt sich dann eine Eigendynamik, innerhalb derer auch Manieren relativiert werden. Die Leute verhalten sich im Blick der Öffentlichkeit anders als zu Hause, als in privaten Beziehungen. Sie versuchen, im Fernsehen an ihrem Image zu arbeiten, sich auf eine bestimmte Art und Weise zu präsentieren. Meine Rolle als Journalistin und Gastgeberin ist es, zum einen sehr höflich zu sein, den respektvollen Umgang zu üben und das einigermaßen kultivierte Gespräch zu versuchen, zum anderen aber auch etwas in diesem Gespräch offensichtlich zu machen.

Manfred Osten: Prinz Asserate schreibt die Erosion der Manieren auch der 68er Bewegung zu. Ohnehin stehen bei uns jedoch Sekundärtugenden wie Dankbarkeit, Höflichkeit, Disziplin etc. seit dem »Dritten Reich« grundsätzlich unter Missbrauchsverdacht. In anderen Kulturen, in Ländern wie China, Japan, Korea oder Vietnam, gelten sie dagegen bis heute, wird hohen Standespersonen nach wie vor mit Höflichkeit, Dankbarkeit und Respekt begegnet. Gibt es da eine Rettungsmöglichkeit, einen Weg zurück zu mehr Respekt gegenüber Autoritäten wie zum Beispiel Lehrern?

Asfa-Wossen Asserate: Die Katastrophe, in der wir uns jetzt befinden, hat letzten Endes auch mit nicht vorhandenen Tugenden zu tun. Wir haben in den letzten Jahren die Gier zur Tugend erhoben, keiner konnte den Kanal voll genug kriegen. Es gab keine Tabus mehr. Der Chef von BMW, Herr von Kuenheim, pflegte etwas Großartiges zu sagen: »So etwas tut man nicht!« Heute darf man aber alles tun! »The sky is the limit«, »Gier ist schön« und »Geiz ist geil«. Dieser Slogan wurde zwischenzeitlich fast schon eine Art Religion. So etwas macht eine Gesellschaft kaputt.

Natürlich sind die Sekundärtugenden, die vor dem Zweiten Weltkrieg eine Rolle gespielt haben, heute kaum noch existent. Zivilcourage – wer sieht das mittlerweile schon noch als eine Tugend an? Maßhalten war früher ebenso eine große Tugend und gilt heutzutage als etwas Furchtbares. Wir haben das Transzendentale unseres Seins verloren, glauben, alles geschieht nur in dieser Welt. Kein Wunder, dass alle denken: »Nimm, was du kriegst und wo du was kriegst, am besten, am meisten und von allem, denn es gibt nichts anderes.« Es gibt eine Anekdote über den biblischen Patriarchen Abraham. Eines Tages wurde er von seiner Familie angesprochen: »Vater Abraham, jetzt bist du Vater so vieler Nationen, wann baust du dir endlich ein Haus?« Abraham antwortete: »Für diese lächerlichen 420 Jahre, die ich noch zu leben habe, baue ich mir doch kein Haus!« Und er lebte, wie wir wissen, in einem Zelt. Eine Relativierung unseres Seins, zu wissen, dass es nicht die Ewigkeit und auch nicht das Zentrum ist, würde vielleicht helfen.

Manfred Osten: Der Philosoph und Kulturhistoriker Oswald Spengler hat einmal formuliert, dass eines der großen Probleme in dem immensen Durst nach Geld ohne Arbeit besteht. Und auch Bundespräsident Horst Köhler hat in seiner vierten Berliner Rede im Zusammenhang mit der Finanzkrise gesagt: »So etwas tut man nicht!« Plötzlich taucht so ein Begriff wie Manieren wieder in der Welt des Kapitals auf.

»So etwas tut man nicht!«, haben Sie, Frau Böttinger, vielleicht auch mit Ironie in Ihrem Buch über die SPD-Politikerin Heide Simonis geschrieben. Simonis hatte den Bundeskanzler einen eingebildeten Pinsel genannt.

Bettina Böttinger: ... woraufhin Helmut Kohl gesagt hat, sie sei eben auch keine Dame.

Manfred Osten: Viele Tabus sind mittlerweile gebrochen, persönliche Freiheit gilt als Wert, der oft Interessen Dritter oder denen der Gemeinschaft vorangestellt wird. Der alte Regelkanon wurde jedoch vom Verständnis einer political correctness abgelöst. Das heißt, es wurden neue Regeln und Tabus formuliert, die wir beachten wollen oder müssen.

Bettina Böttinger: Ich denke noch darüber nach, was Prinz Asserate über die Gier gesagt hat. Die momentanen Entwicklungen allein mit Gier zu erklären, scheint mir falsch bzw. zu einfach. Ich fürchte, die meisten verstehen nicht, was gerade passiert und aus welchem Grund. Ich verstehe es auch nicht wirklich, und die, die es wissen müssten, können es mir auch nicht erklären. Die Monopolstellung unserer Gesellschaftsordnung und die damit verbundene Wirtschaftsauffassung spielt dabei eine große Rolle. Nach dem Niedergang des Sozialismus gab es keine Alternative mehr. Der Kapitalismus hatte gesiegt und konnte sich ohne Kritik und Korrektiv frei entwickeln. Jetzt, in der großen Krise des Kapitalismus, besinnen sich viele Menschen mit Recht auf die Ideen der Gründungszeit der Bundesrepublik zurück. Es gab so etwas wie eine soziale Marktwirtschaft. Denn der Markt kann von sich aus nicht alles regeln. »Nichts ist unmöglich!«, heißt der Werbeslogan von Toyota. Diesen Glauben an die Grenzenlosigkeit des Machbaren halte ich für fatal. Diese proklamierte Grenzenlosigkeit hat unmittelbar zu vielen Enttabuisierungen geführt. Wir müssen jetzt unsere Weltauffassung neu zusammensetzen, neu formulieren. Das führt auch direkt zu der Frage nach Manieren: Was gehört sich, was gehört sich nicht, und was wollen wir? Was sind die neuen Werte oder Tugenden? In Ihrem Buch, Prinz Asserate, finde ich dagegen einen soziologischen und historischen Abriss zu Manieren, der weitestgehend rückwärtsgewandt ist.

Asfa-Wossen Asserate: Um Manieren anwenden zu können, muss man wissen, woher sie stammen und welche Philosophie dahinter steht. Darüber muss man also zunächst einmal diskutieren. Betrachtet man die Erfinder – wenn wir sie so nennen dürfen – der Manieren: den Renaissanceschriftsteller und höfischen Diplomaten Baldassare Castiglione, Baltasar Gracián – spanischer Schriftsteller und Hochschullehrer in der Zeit des Barock – und den von mir schon erwähnten deutschen Aufklärer Adolph Freiherr Knigge, dann beruhen all ihre Darstellungen über den zivilisierten menschlichen Umgang auf zweierlei Institutionen: Moral und Religion. Wir müssen die Frage nach den Wurzeln der europäischen Zivilisation stellen. Für Klaus Mann lagen diese Wurzeln in Hellas und Golgatha. Doch verbinden wir heute noch etwas mit diesen Traditionen, können wir uns damit identifizieren?

Manfred Osten: Das klingt in der Tat sehr einleuchtend. Doch formuliert sich heute Bildung nicht vielmehr über den beschleunigten Erwerb einer Zukunftskompetenz ohne Herkunftskenntnisse als über eine Gedächtnis gestützte Urteilskraft, ein kulturelles Gedächtnis? Wo bleibt da Raum für das, was Sie gerade vorgetragen haben?

Asfa-Wossen Asserate: Das ist eine zentrale Frage, nicht nur in Deutschland. Wir sprechen von Globalisierung und vergessen dabei, dass es früher universale Werte gegeben hat. Sind diese universalen Werte heutzutage überhaupt noch einklagbar? Und sind sie wirklich universell? Oder gibt in anderen Kulturen auch andere Werteverständnisse? Betrachten zum Beispiel Afrikaner die Charta der Vereinten Nationen von 1945 nicht eher als eurozentrische Vereinbarung, die mit ihren Traditionen nur bedingt vereinbar ist? Schließlich haben damals lediglich 51 Länder allgemeine Verbindlichkeiten für die ganze Welt festgelegt.

Ich bin davon überzeugt, dass es universale Werte gibt, auf denen wir aufbauen können. »Die Würde des Menschen ist unantastbar«, dieser wunderbare erste Satz des deutschen Grundgesetzes oder auch Anstand und Höflichkeit sollten überall gelten. Es ist höchste Zeit, dass wir uns alle zusammensetzen und gemeinsam diese universalen Werte diskutieren und neu definieren.

Bettina Böttinger: Wer sind wir?

Asfa-Wossen Asserate: Die ganze Menschheit, die UNO.

Bettina Böttinger: Wir wissen alle, wie schwer die Rolle der UNO geworden ist, wie wenig sie als Instanz, in welchen Fragen auch immer, Ernst genommen wird.

Asfa-Wossen Asserate: Richtig! Dennoch brauchen wir dringend diese Mindestgemeinsamkeit, welche die UNO repräsentiert. Sonst würde man einer Realpolitik die Türen öffnen, die den größten Gauner auf Gottes Erde, solange er nur an der Macht ist, walten lässt. Wenn wir aber über von allen akzeptierte und unterschriebene gemeinsame Werte verfügen, können wir jeden afrikanischen, südamerikanischen oder anderen Diktator, der diese nicht einhält, zum Paria machen!

Bettina Böttinger: Da wird mir die Diskussion zu morallastig. Ich halte es da eher mit Brecht: »Erst kommt das Fressen, dann kommt die Moral.« Und nach wie vor kämpfen viele Menschen um das erste, das Fressen. Auch bei uns. Die Arbeitslosenzahlen steigen in ungeahnte Höhen, Massenentlassungen, Streichung von Sozialleistungen und anderes mehr. Breite Schichten der Bevölkerung, und zwar auch der jungen Bevölkerung, werden allein gelassen und von der Gesellschaft abgeschrieben. Welche moralische

Instanz soll denen vorschreiben, sich an unseren schicken Wertekatalog zu halten? Wenn wir über Manieren reden, dürfen wir große Schichten der Bevölkerung nicht ohne jede Perspektive allein lassen. Dann muss man auch über Mitmenschlichkeit und Solidarität innerhalb der Gesellschaft reden.

Asfa-Wossen Asserate: Da gebe ich Ihnen hundertprozentig Recht. »Liebe Deinen Nächsten wie Dich selbst«, das ist vielleicht das erste manierliche Wort, das uns als Christen beigebracht worden ist. Und darauf basiert auch die Urphilosophie der Manieren, auf nichts anderem.

Manfred Osten: Ich möchte noch mal einen Satz von Prinz Asserate aufgreifen: die Grundlage der Manieren sei die Religion. Bettina Böttinger, Sie haben seit 2002 mehrmals Afghanistan bereist und darüber berichtet. Das Leben in Afghanistan ist stark vom Islam geprägt, die Rituale, Manieren und Umgangsformen dort werden durch die Religion bestimmt. Bestätigen Ihre Erfahrungen in Afghanistan die These von Prinz Asserate, dass Religion Manieren befördert?

Bettina Böttinger: Ich habe vor allem erfahren, dass es kaum noch Umgangsformen gibt. Eine Nation, die seit über zwanzig Jahren ohne eigene Schuld ein Kriegsschauplatz ist, muss selbstverständlich komplett traumatisiert sein. Wertevorstellungen, wie sie in Familien, Sozialverbänden und anderswo gelebt werden, sind dort im Grunde genommen sinnlos geworden. Die Aggressionsrate in Afghanistan ist extrem hoch. In den Familien wie auch in größeren Zusammenhängen im öffentlichen Raum regiert leider oft der nackte Terror. Die Gewalt gegen Frauen in Familien ist extrem hoch.

Im Auftrag von *medica mondiale* und kraft meiner Kompetenz als Journalistin bin ich in Kriegs- und Krisengebiete gefahren, um von dort zu berichten. Ich war mehrmals in Afghanistan und im Nachkriegsbosnien, weil wir in unserer Wahrnehmung der Welt dazu neigen, Kriegssituationen nur kurzfristig wahrzunehmen, das Ganze schnell ad acta zu legen und uns dem nächsten »Grauen« zuzuwenden. Ich persönlich bin der Auffassung, und das gehört, glaube ich, auch im weitesten Sinne zum Thema Manieren bzw. Wertekodex, dass wir nicht nur in unserer Gesellschaft Menschen nicht allein lassen dürfen, sondern auch in der ganzen Welt. Die Frauen in Afghanistan waren von der Welt aber völlig vergessen. Sie wurden im eigenen Land zu Unmenschen erklärt, hatten keinerlei Rechte, kein Recht auf medizinische Versorgung, kein Recht auf Öffentlichkeit, kein Recht auf irgendetwas. Die Hoffnung auf Veränderung, die mit dem Sturz der Taliban verbunden war, hat sich nicht erfüllt. Nach wie vor sind diese Frauen bedroht. Frauen, die in der Öffentlichkeit den Mund aufmachen oder als Politikerinnen aktiv sind, werden auf offener Straße ermordet. Eine Katastrophe! Meine Erfahrungen zeigen, dass ein traumatisiertes Volk auf tradierte Werte kaum noch Rücksicht nehmen kann.

Manfred Osten: Religion bedingt also nicht zwangsläufig Manieren. Martin Mosebach hat ein Buch geschrieben, *Häresie der Formlosigkeit*, in dem er der Frage nachgeht, ob die katholische Kirche mit dem durch das Zweite Vatikanische Konzil festgelegten Bruch mit ihren Traditionen sich nicht selbst ihrer Substanz beraubt hat. Also auch in der

Religion selbst findet eine Erosion der Form und der Formen statt.

Prinz Asserate, Sie kommen aus einem anderen Kulturkreis, wie würden Sie unsere Gesellschaft von außen gesehen beschreiben?

Asfa-Wossen Asserate: Bei einer Buchpräsentation von *Manieren* in Hildesheim, bei der ungefähr 80 Personen anwesend waren, stand ein junger Mann Anfang zwanzig auf und sagte zu mir: »Ich möchte Sie nicht beleidigen, aber Sie müssen wissen, dass ich Ihre Generation verantwortlich mache, dass ich heute so frieren muss!« Ich fand allein diesen Ausdruck so wunderbar: Frieren! Und ich wusste sofort, dass dieser junge Mann keinen Mantel brauchte, sondern mit Frieren die Gesellschaft meinte, in der er sich befindet, in der er sich unwohl fühlt und in der er keine Kontakte hat. Und ich antwortete ihm, dass es absolut richtig sei, dass meine Generation mit diesem Prozess des Aussortierens angefangen hat. In Deutschland und vielleicht auch in Europa haben wir heute eine Gesellschaft, in der Strukturen, wie sie Großfamilien, Freundschaften und Gemeinschaften bieten, nicht mehr wichtig sind. Aber wenn ich nach den Ursachen dafür suche, muss ich feststellen, dass ein Grund dafür das Fehlen einer normativen Form in Deutschland ist. Das heißt: Die Kirchen sind leer, niemand hat mehr eine Beziehung zu dem Pastor oder Pfarrer, der ihm eventuell ab und zu mal ins Gewissen reden kann. Die Kinder sind somit allein gelassen, haben keine Institution, keine Personen, die sie in ihrer geistigen Entwicklung begleiten können. Man kann nicht einfach sagen, das war früher die Rolle des Christentums. In vielen Ländern, vor allem in Afrika, hat die Religion nach wie vor diese erzieherische

Funktion, hat die Kirche mit ihrer missionarischen Aufgabe eine verbindende und Gemeinschaft stiftende Wirkung. Eine ähnlich wichtige Rolle spielt im Islam die Umma. In Europa findet sich überwiegend eine säkularisierte Gesellschaft. Die Trennung von Staat und Kirche ist zweifelsohne eine große Errungenschaft der Aufklärung, aber trotzdem fehlt da was! Wir waren nicht in der Lage, einen Ersatz für diesen Aspekt der Religion zu finden, Jugendlichen moralische Orientierung zu bieten.

Bettina Böttinger: Ergänzend oder auch kritisch möchte ich doch anmerken: Auch ein Atheist ist nicht in der Welt, um es sich bequem zu machen. Auch ein Atheist kann eine Überzeugung vertreten. Ich habe eine soziale Verantwortung und ich habe Manieren in dem Sinne, dass ich mein Leben auch anderen Menschen zuwende.

Asfa-Wossen Asserate: Um manierlich zu sein, braucht man nicht zu glauben!

Bettina Böttinger: ... und nicht alle Priester haben gute Manieren.

Manfred Osten: Das hat ja schon Nietzsche gesagt, dass, wenn Christen wirklich Christen wären, sie eigentlich viel erlöster aussehen müssten.

Frau Böttinger, Sie haben eine große Fülle von Gesprächspartnern kennen gelernt. Haben Sie den Eindruck, dass das, worüber wir hier sprechen und was Sie als Person ja auch auszeichnet – Empathie, Wohlwollen gegenüber anderen, die Fähigkeit des Mitempfindens – heute überhaupt noch geübt wird in der Familie oder anderswo?

Denn sie muss offenbar geübt werden, wie die heutige Hirnforschung beweist. Die Spiegelneuronen, die unter anderem für Eigenschaften und Fertigkeiten wie Sprache, Empathie und Kulturfähigkeit verantwortlich sind, bilden sich in einer frühen Periode bis zum 5. oder 6. Lebensjahr aus. Die Bezugspersonen der frühen Kindheit haben offenbar einen großen Einfluss auf das spätere Sozialverhalten eines Menschen. Wenn wir aber, wie Wolf Singer, Direktor der neurophysiologischen Abteilung des Max-Planck-Instituts für Hirnforschung in Frankfurt am Main, beklagt, Kinder nur in rationalen Fähigkeiten unterrichten, formen wir damit emotionale, soziale und kommunikative Krüppel. Psychopathologen sagen, dass heute im Grunde jeder Dritte aufgrund der Desorientierung, auch im Zusammenhang mit der Religion, Gefahr läuft, eine Neurose zu entwickeln, oder im Sozialverhalten auffällig wird. Woran liegt es, dass Empathie heute offenbar nicht mehr geübt, nicht mehr als Wert vermittelt wird?

Bettina Böttinger: Wenn ich diese Zahl höre, würde ich optimistisch sagen, ein Drittel von uns hat jetzt schon Neurosen.

Die meisten meiner Gäste – auch wenn wir uns bemühen, in jeder Sendung eine Person unterzubringen, die »nicht prominent« ist und der man trotzdem zuhört – führen kein gewöhnliches Leben, da sie einem Beruf in der Öffentlichkeit nachgehen und somit eine starke Resonanz auf ihr Tun erhalten. Manchen verführt das dazu, sich für etwas Besonderes zu halten. Denn je mehr Aufmerksamkeit ein Mensch bekommt, desto eher neigt er zu diesem Glauben, ob er berechtigt ist oder nicht. Insofern kann ich diese Frage, auf meine Gäste bezogen, nicht wirklich beantworten, weil sie eher eine Ausnahme sind.

Für jeden aber gilt: Der Mensch ist ein Sozialwesen und braucht von klein auf Sozialverbände. Wenn man aber alleine lebt, einen übersteigerten Individualismus lebt, braucht man auch keine Manieren. Manieren beziehen sich immer auf den Umgang mit anderen Menschen und auf das Verhalten in einem Sozialverband. Manieren sind notwendig, um andere nicht zu verletzen oder um Konventionen herauszubilden. Konventionen bedeuten, dass man mit den anderen klar kommt.

Asfa-Wossen Asserate: Wie kann es sich eine Gesellschaft wie die unsrige erlauben, dass in einem Hochhaus mit hundert Bewohnern eine Frau stirbt und sechs Wochen lang kein Mensch etwas bemerkt? Wo ist in diesem Fall die Empathie, unsere Verantwortung gegenüber unseren Mitmenschen? Das ist doch letzten Endes das, was ich unter Zivilisation verstehe. Dass wir nicht sind wie die Tiere, nur für uns selbst essen und leben und unsere Umwelt vergessen. Wo ist das geblieben? Hat es damit zu tun, dass wir keine Vorbilder mehr haben? Wir schimpfen immer über die Jugend, von wem aber soll die Jugend das lernen? Wer ist heute noch Vorbild? Ist es nicht an der Zeit, den Jugendlichen wieder wirkliche Vorbilder zu geben?

Es gibt eine wunderbare Geschichte: Stellen Sie sich eine kleine Stadt am Rhein vor, Unkel. Willy Brandt, der frühere deutsche Bundeskanzler, liegt im Sterben und bekommt Besuch vom amtierenden Bundeskanzler Helmut Kohl. Brandt steht auf und, obwohl es ihm sehr schlecht geht, bittet er seine Frau an diesem Tag, ihm den besten Anzug aus dem Schrank zu holen. Dann bindet er sich seine Lieblingskrawatte um und setzt sich, weil er nicht mehr stehen kann, aufs Bett. Helmut Kohl kommt herein und sagt: »Herr Brandt, was machen Sie da für Sachen! Sie sind ein kranker Mann! Sie müssten eigentlich im Bett liegen.« Willy Brandt antwortet darauf: »Wenn mein Bundeskanzler zu mir zu Besuch kommt, kann ich ihn doch nicht im Pyjama erwarten!«

Ist das nicht großartig?

Es gibt auch eine ähnliche Geschichte über Kant: Kant liegt in Königsberg im Krankenbett. Sein Hausarzt kommt zu ihm, und Kant will ihn mit großer Mühe zur Tür begleiten. Der Arzt insistiert: »Habe ich Ihnen nicht gesagt, Sie sollen ins Bett gehen?« Und Kants Antwort war: »Wer hat Ihnen eigentlich gesagt, dass ein Sterbender kein Recht auf Anstand hat?«

Brandt hatte diese Anekdote mit Sicherheit gekannt. Ich bringe das vor, weil ich glaube, die Jugend vermisst es, sich an jemandem zu orientieren. Auf der anderen Seite gibt es aber, wenn man sich in der deutschen Wirtschaft oder Politik umschaut, auch nur wenige, die als Vorbild geeignet wären.

Manfred Osten: In einem früheren Podiumsgespräch hier auf Schloss Neuhardenberg ging es um eine ähnliche Frage. Bernhard Bueb, Autor des Buches *Von der Pflicht zu führen*, und die Fernsehjournalistin Petra Gerster, die mit ihrem Mann Christian Nürnberger zwei Streitschriften über den »Erziehungsnotstand« veröffentlicht hat, diskutierten unter dem Motto »Erziehung tut Not«. Laut Bernhard Bueb ist unser Bildungsnotstand in erster Linie vor allem ein Erziehungsnotstand. Er kommt zu dem Ergebnis, dass wir die Führungspflicht, die Eltern eigentlich haben, also auch Vorbild zu sein, im Grunde heute kaum noch wahrnehmen.

Bettina Böttinger: Menschen brauchen Vorbilder, an denen sie sich orientieren, Ideen, an die sie glauben können. Das ist vollkommen klar! Die entscheidende Frage aber ist: Wieso sind uns diese Orientierungen so stark abhanden gekommen?

Allerdings glaube ich nicht, dass, wenn man einem jungen Menschen das *Manieren*-Buch von Prinz Asserate in die Hand drückt, er mit dieser Art Anleitung weiterkommt. Ich habe das Buch vor seinem Erscheinen gelesen und konnte feststellen, es ist vor allen Dingen sprachlich ein Genuss. Ich finde dieses Buch wirklich großartig, es ist kulturgeschichtlich sehr interessant. Ich habe allerdings auch mehrfach an Stellen gelacht, die Sie vielleicht gar nicht komisch finden. Darf ich meinen Lieblingssatz zitieren? »Der Bürger mit der adligen Mutter sollte unbedingt darauf verzichten, den von ihr ererbten Siegelring zu tragen. Und sei es ein noch so liebes Andenken an die Verschiedene.«

Ein wunderbarer Satz! Woher wissen Sie das überhaupt alles?

Manfred Osten: Das bringt uns zu einem anderen Punkt: Manieren sind ja ursprünglich auch ein Distinktionsvorteil gewesen für diejenigen, die darüber verfügt haben. Wie sieht das eigentlich heute aus in einer Welt, von der Prinz Asserate gesagt hat – ich glaube das war in der *Frankfurter Rundschau* –, sie sei eine europaweit nivellierte Gesellschaft von Kleinbürgern? Wie soll sich jemand noch einen Distinktionsvorteil verschaffen?

Asfa-Wossen Asserate: Man hat mir oft in den Mund gelegt, dass Manieren eine Frage des Standes wären und die oberen Klassen sich besser zu benehmen wüssten. Das habe ich niemals in dieser Form gesagt. Ganz im Gegenteil! Ich würde heutzutage sogar sagen, dass die bürgerlichen Schichten diejenigen sind, die die Manieren am besten aufrechterhalten. Das war schon immer so. Erinnern wir uns bitte an die Bilder aus den 20er und 30er Jahren. Deutsche Arbeiter demonstrierten im schwarzen Anzug und mit einer Melone auf dem Kopf! So ist der deutsche Arbeiter damals auf die Straße gegangen! Es ist weit gefehlt zu glauben, dass man einer bestimmten Klasse angehören muss, um Manieren zu haben. Absolut nicht. Es ist richtig, dass die Manieren am Hof, im höfischen Leben entstanden sind. Das Wort Höflichkeit kommt ja von Hof. Später haben die Bürgerlichen Manieren als Teil ihres Daseins akzeptiert und wiederum später natürlich auch die Arbeiterschaft.

Bettina Böttinger: Man kann jedoch durch Manieren auch sehr schön ausgrenzen, das heißt, sie können auch restriktiv sein.

Asfa-Wossen Asserate: Natürlich gibt es gewisse Sachen, die wirklich nur einige Leute wissen. Aber heute, in einem Land wie der Bundesrepublik Deutschland, wo es keine Klassen gibt, sind interne Verhaltenskodizes eher selten.

Bettina Böttinger: Als ich in Düsseldorf zur Schule ging, das ist zwar schon etwas länger her, hatten wir eine sehr viel ältere Lehrerin, die noch in einer ganz anderen Zeit sozialisiert wurde. Ich erinnere mich gut an sie, denn sie sagte vor unserer ganzen Klasse in diesem Mädchengymnasium: »Eine von euch gehört hier nicht her!« Der Vater von dem Mädchen, welches sie meinte, war Bademeister. So weit hergeholt ist das also doch gar nicht.

Asfa-Wossen Asserate: Das ist furchtbar, keine Frage. Dennoch glaube ich, wenn es überhaupt eine klassenlose Gesellschaft gibt in Europa, dann ist es die der Bundesrepublik Deutschland. Davon bin ich überzeugt. Dasselbe würde ich nicht von Frankreich und schon gar nicht von England behaupten.

Manfred Osten: War der Kommunismus eigentlich eine Gesellschaftsform, in der man überhaupt Manieren kannte?

Asfa-Wossen Asserate: Oh ja! Kennen Sie diesen wunderbaren Pfarrer aus der DDR, Pfarrer Kleinschmidt? Er hat das Buch *Keine Angst vor guten Sitten* herausgebracht. Übrigens das erste Buch, das ich gesehen habe, welches vollkommen in orangefarbene Plaste und Elaste verkleidet war. Er hat das Buch 1954 geschrieben. Und trotzdem stehen da solche Sätze drin wie: »Früher war das gute Benehmen ein Privileg des Adels und der hohen Bürgerschaft. Aber jetzt, wo wir die Freiheiten haben und auch in der Lage sind, ab und zu Kaviar und solche Sachen zu essen, wo wir große Zigarren von unseren brüderlichen Nationen bekommen, muss man wissen, wie man sich vor Ort benimmt.« Er redet darüber, wie man einen Frack trägt oder wie man eine Zigarre anzündet. Großartig! Bei einer Signierstunde nach der Buchlesung in Berlin kam ein junger Mann auf mich zu und sagte: »Ich bin eigentlich nur gekommen, um mich bei Ihnen zu bedanken.« Ich fragte: »Wieso?« »Weil Sie meine Familie so berühmt gemacht haben.« Er war der Sohn von Pfarrer Kleinschmidt, des Mannes, der all das aufgeschrieben hat.

Ich würde sagen, man kannte im Kommunismus Manieren. Zudem weiß man, dass die Kommunisten die größten Formalisten der Welt waren, wie heute noch immer die Chinesen. Sehen Sie sich doch bitte alte Fotos aus der DDR an. Die Leute aus den oberen Etagen waren dezent angezogen, liefen alle mit einem Hut herum. Bis zuletzt!

Manfred Osten: Frau Böttinger, Sie waren bei der Premiere des Films *Die Buddenbrooks* in Essen dabei, haben die Veranstaltung moderiert. Übrigens in Essen und nicht in Lübeck. Bundespräsident Horst Köhler, der auch zugegen war, sagte, der Film sei ein Spiegel unserer deutschen Kultur. Im Grunde bezog er sich damit auf den Niedergang einer Familie, und doch war möglicherweise zugleich auch der Niedergang der Manieren gemeint. Auch Sybil Gräfin Schönfeldt hat 2008 ein Buch über Manieren, *Anstand,* veröffentlicht. Sie verweist darin unter anderem auf eine Umfrage des Allensbacher Instituts. Diese Umfrage hatte erstaunlicherweise ergeben, dass 87 Prozent der Befragten der Meinung waren, die wichtigste Aufgabe der Erziehung sei die Vermittlung von guten Manieren, also dem, was man heute als soft skills bezeichnet. Gibt es inzwischen doch so etwas wie ein allgemeines Umdenken?

Bettina Böttinger: Zunächst einmal wüsste ich gern, was diese 87 Prozent der Befragten unter Manieren verstehen. Wenn mir jemand sagt, für ihn seien bei der Erziehung Manieren das Wichtigste, halte ich ihn eher für ein bisschen gestört. Wenn er oder sie jedoch von bestimmten Tugenden spricht, kann ich das akzeptieren.

Aber um auf die *Buddenbrooks* zurückzukommen: Es war mir schon immer ein Rätsel, weshalb ausgerechnet diese Geschichte über den dramatischen Untergang und Zerfall einer Familie und letztlich auch einer Wirtschaftsordnung als *der* deutsche Schlüsselroman gilt. Ich gehöre übrigens zu denjenigen, die diese Verfilmung grandios gefunden haben. Denn es ist, glaube ich, zumindest in der Filmbranche Mode geworden, über diesen Film herzufallen. Ich finde ihn sehr gut. Ich finde auch die Darsteller grandios, allen voran Mark Waschke, der diese tragische Person des Thomas Buddenbrook großartig verkörpert. Thomas Buddenbrook soll etwas übernehmen und weiterführen, das weder seiner Neigung noch seiner Lust noch irgendetwas in ihm entspricht. Er beugt sich dieser familiären Pflicht und geht daran zugrunde. Weder kann er dieser Aufgabe gerecht werden noch die Zeitenwende wirklich begreifen. Dass dieser Film von Heinrich Breloer nun gerade in einer neuen, in unserer Zeitenwende herauskommt, wo wieder viele Menschen nicht verstehen, was genau passiert und wie sie sich verhalten sollen, ist ein glücklicher Zufall. Die Premiere wurde durch die Anwesenheit des Bundespräsidenten zu einer staatstragenden Angelegenheit. Die *Buddenbrooks* stehen anscheinend doch für mehr.

Manfred Osten: In der Presse wurde berichtet, dass sich bei Horst Köhlers Eintritt die Leute nicht von ihren Sitzen erhoben haben. Sie standen erst später, als er aufs Podium gegangen ist, für ihn auf. Aber noch einmal zurück zu der erwähnten Umfrage des Allensbacher Instituts. Steckt dahinter nicht möglicherweise ein neuer Distinktionsvorteil, den man heute in ganz anderem Sinne nutzen möchte? Sind die so genannten soft skills von Vorteil beim Generieren von Menschen oder von »Humankapital«, wie man das heute ausdrückt? Werden Manieren inzwischen wieder von den und für die Führungseliten geübt?

Asfa-Wossen Asserate: Ich habe einen Freund, der als Personalberater arbeitet. Und der erzählte mir – das war allerdings vor dem Zusammenbruch des Finanzmarktes – dass, wenn zwei oder drei Bewerber zur Auswahl stünden, man sehr wohl Wert auf korrekte Kleidung, Tischmanieren und Konversationsfähigkeiten bei den Kandidaten lege. Ich kann das nicht wirklich nachvollziehen, man kann doch den Leuten nicht sagen: »Du bist zwar sehr gut, aber du hast schlechte Manieren, und deshalb kommst du nicht in die Bank!«

Manfred Osten: Wenn wir Manieren in Form von soft skills für das Humankapital nutzen, ergeben sich daraus mitunter pervertierte Situationen. Doch kommen wir noch mal zurück auf Ihre These, dass die Manieren mit der Religion zusammenhängen. Würde uns eine mögliche Rückbesinnung auf den Glauben auch wieder zurück zu den Manieren führen?

Asfa-Wossen Asserate: André Malraux hat in den 50er Jahren formuliert, dass so, wie das 20. Jahrhundert das Jahrhundert der Ideologien ist, das 21. Jahrhundert das Jahrhundert der Religionen sein wird – oder keins. Und wenn wir sehen, wie das 21. Jahrhundert angefangen hat, mit diesem großen Crash des 11. September 2001, mit dem Auftauchen des Islam als vielleicht der größten Herausforderung unseres Zeitalters, dann kann ich mir durchaus vorstellen, dass die Religion wieder auf dem Vormarsch ist. Wir müssen vor allem wissen, wie wir mit dem Islam fertig werden. Wie wird es weitergehen? Mit dem Recht des Stärkeren, wie Charles Darwin sagte? Werden die Kulturen aufeinander losgehen? Oder können wir es schaffen, dass

Kulturen ineinander fließen? Kommen wir mit dem christlich-islamischen Dialog weiter? Das sind alles große Fragen, die aber meiner Ansicht nach weniger mit Manieren zu tun haben als mit anderen, höheren kulturellen Werten.

Bettina Böttinger: Wenn es eng wird, hilft nur noch beten! Die Kirchen verzeichnen gemeinhin in schwierigen Zeiten Zulauf. Das ist einfach so. Dabei haben Sie in der Aufzählung der großen Gefahren die Klimakatastrophe – ich bleibe bei dem Begriff, denn Wandel scheint mir in diesem Zusammenhang zu beschönigend – noch gar nicht erwähnt. Da kommt also noch mehr auf uns zu.

Manfred Osten: Ich denke, wir haben in dieser Runde einen großen Horizont zwischen den Möglichkeiten von Manieren und den Gefahren neuer Umgangsformen abgeschritten. Was die alten Manieren betrifft, bleibt wohl vor allem eine Parallele zu Don Quijote, der ritterliche Tugenden in einer Zeit vertreten hat, in der es keine Ritter mehr gab. Auf der anderen Seite haben wir festgestellt, dass wir gerade in unserer arbeitsteiligen Gesellschaft dringend ein Minimum an Umgangsformen im Sozialverhalten brauchen. Tiere verfügen über ein tradiertes Gedächtnis, in dem verankert ist, wie sie sich zu verhalten haben. Wir Menschen dagegen müssen all dies erst mühsam erlernen. Umso mehr, da wir vor der Notwendigkeit stehen, neue Umgangsformen zu entwickeln, um Überleben und die Erde zu sichern.

Am Ende hilft vielleicht am meisten der Optimismus des großen österreichischen Komödiendichters Johann Nepomuk Nestroy, der gesagt hat: »Wenn alle Stricke reißen, hänge ich mich auf. Aber erst dann!«

Asfa-Wossen Asserate, Großneffe des letzten äthiopischen Kaisers Haile Selassie und Sohn des eritreischen Vizekönigs Asserate Kasa. Nach dem Abitur an der Deutschen Schule in Addis Abeba studierte er Geschichte und Jura in Tübingen und Cambridge und promovierte über äthiopische Geschichte in Frankfurt/Main. Die Revolution in seiner Heimat verhinderte die Rückkehr nach Äthiopien. Asfa-Wossen Asserate blieb in Deutschland und ist als Unternehmensberater für Afrika und den Mittleren Osten tätig. 2003 veröffentlichte er das stark diskutierte Buch *Manieren* und 2007 seine Autobiografie mit dem Titel *Ein Prinz aus dem Hause David und warum er in Deutschland blieb.*

Bettina Böttinger, studierte Germanistik und Geschichte in Bonn, währenddessen erste journalistische Arbeiten für die *Bonner Rundschau.* Danach mit verschiedenen Sendungen für den Hörfunk des WDR tätig. Seit 1991 ist sie beim WDR-Fernsehen, zunächst mit *Parlazzo,* ab 1993 mit ihrer Talkshow *B. trifft ...,* für die sie zwei Grimme-Preis-Nominierungen erhielt. 1994 gründete Bettina Böttinger die Produktionsfirma Encanto, mit der sie auch ihre neue Talkshow *Böttinger* produzierte. Sie moderiert u.a. im WDR den *Kölner Treff* und seit 2007 die Kultursendung *west.art.*

Bernd Kauffmann, Studium der Publizistik und Rechtswissenschaft, ist seit 2001 Generalbevollmächtigter der Stiftung Schloss Neuhardenberg und im Nebenamt Künstlerischer Leiter der Festwochen »movimentos« der Autostadt Wolfsburg. Von 1992 bis 2001 war er Präsident der Stiftung

Weimarer Klassik (mit Unterbrechung von 1996 bis 2000: Generalbeauftragter der Weimar 1999 – Kulturstadt Europas GmbH), daneben Intendant des Kunstfestes Weimar.

Manfred Osten, Studium der Rechtswissenschaften, Philosophie, Musikwissenschaften und Literatur in Hamburg und München, sowie des Internationalen Rechts in Luxemburg. Nach seiner Promotion »Über den Naturrechtsbegriff in den Frühschriften Schellings« trat er 1969 in den Auswärtigen Dienst ein, für den er in den folgenden Jahren u.a. in Frankreich, Kamerun, Tschad, Australien und Japan tätig war. Manfred Osten war Referent für »Südliches Afrika« und »Dritte Welt Politik« im Auswärtigen Amt in Bonn sowie Leiter des Osteuropa-Referats im Presse- und Informationsamt der Bundesregierung. Von 1995 bis 2004 war er Generalsekretär der Alexander von Humboldt-Stiftung in Bonn. Manfred Osten publizierte vor allem kulturwissenschaftliche und kulturhistorische Werke, u.a. *Das geraubte Gedächtnis. Digitale Systeme und die Zerstörung der Erinnerungskultur* (2004) und *Die Kunst, Fehler zu machen* (2006).

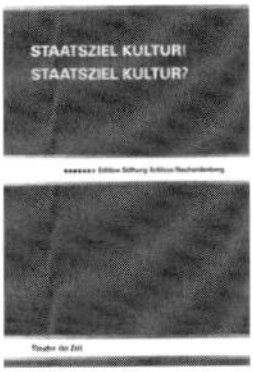

1

Staatsziel Kultur! Staatsziel Kultur?

Herausgegeben von Bernd Kauffmann
Mit Beiträgen von Bernd Kauffmann, Paul Raabe, Peter Raue, Tilman Spengler und Udo Steiner

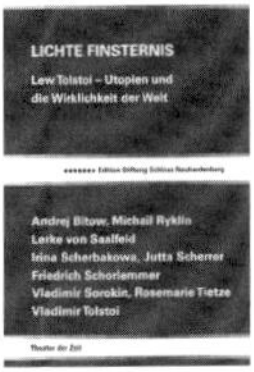

2

»Lichte Finsternis« Lew Tolstoi – Utopien und die Wirklichkeit der Welt

Herausgegeben von Bernd Kauffmann
Mit Andrej Bitow, Michail Ryklin, Irina Scherbakowa, Jutta Scherrer, Friedrich Schorlemmer, Vladimir Sorokin, Rosemarie Tietze, Vladimir Tolstoi und Lerke von Saalfeld (Moderation)

3

Der Pass in den freien Raum Fußball und Politik

Herausgegeben von Bernd Kauffmann
Mit Beiträgen u. a. von Thomas Brussig, Horst Eckel, Rudi Gutendorf, Nils Havemann, Moritz Rinke und Norbert Seitz